Todos los libros de Linkgua Ediciones cuentan con modelos de Inteligencia Artificial entrenados por hispanistas. Pregúntale al chat de tu libro lo que desees acerca de la obra o su autor/a.

Para ebooks: Accede a nuestro modelo de IA a través de un enlace.

Para libros impresos: Escanea el código QR de la portada con tu dispositivo móvil.

Obtén análisis detallados de nuestros libros, resúmenes, respuestas a tus preguntas y accede a nuestras ediciones críticas generativas para una experiencia de lectura más enriquecedora.
La transparencia y el respeto hacia la autoría de las fuentes utilizadas son distintivos básicos de nuestro proyecto. Por ello, las respuestas ofrecen, mediante un sistema de citas, las fuentes con las que han sido elaboradas.

José Hernández

Camino Trans-Andino

Barcelona 2025
Linkgua-ediciones.com

Créditos

Título original: Camino trans-andino.

e-mail: info@linkgua.com

Diseño de cubierta: Michel Mallard.

ISBN rústica ilustrada: 978-84-9007-994-2.
ISBN ebook: 978-84-9897-854-4.

Sumario

Créditos 4

Brevísima presentación 7

La vida 7

Camino Trans-Andino 9

Libros a la carta 27

Brevísima presentación

La vida

José Hernández (1834-1886). Argentina.

Nació el 10 de noviembre de 1834. Educado en el Liceo de San Telmo, en 1846 su padre lo llevó al sur de la provincia de Buenos Aires, donde conoció las costumbres de los gauchos.

Su vida estuvo marcada por la política. En 1858, junto a varios opositores al gobierno, emigró a Paraná y combatió en varias batallas.

Hizo periodismo en el Nacional Argentino, con artículos en los que condenaba el asesinato de Vicente Peñaloza. En 1868 editó el diario El Eco de Corrientes y un año mas tarde El Río de La Plata, donde escribió artículos sobre la cuestión del gaucho y de la tierra, la política de frontera y los indígenas. Más tarde participó en un levantamiento contra el gobierno de Sarmiento.

Fue diputado provincial y, en 1880, siendo presidente de la Cámara de Diputados, defendió la idea de un Estado federal cuya capital fuese Buenos Aires. Murió el 21 de octubre de 1886.

Camino Trans-Andino

Debo a la deferencia del capitán don Casiano Cabrera el itinerario del viaje de exploración hecha por la Comisión encargada de buscar un paso por la Cordillera de los Andes, que permita la construcción de una vía férrea a Chile.

Se lo remito para su publicación, permitiéndome con este motivo, llenar algunas páginas con las observaciones que me ha sugerido su lectura.

Desgraciadamente, son muy escasos e incompletos los conocimientos que poseemos sobre nuestra geografía interior.

Cubren todavía aquellas regiones, las sombras que las envolvieron en los siglos pasados.

Durante más de trescientos años, las autoridades dependientes de la Metrópoli, dejaron en el más completo olvido y abandono, así la región Andina, como las vastas comarcas Patagónicas y los fértiles territorios del Gran Chaco.

Nosotros heredamos esa apatía y ese descuido.

Inmensos bosques de riquísimas maderas, ríos abundantes y caudalosos, montañas que encierran riquezas desconocidas, vastas y fértiles llanuras cubiertas de abundantes pastos, permanecen inexploradas y la marcha de nuestra civilización, de nuestra riqueza todo de nuestra industria interior, nuestra conquista sobre el desierto, es lenta, pesada, insegura y costosa.

Durante el largo período del coloniaje, se hicieron apenas viajes de exploración, dirigidos a fijar los puntos que debían servir para asegurar la navegación de las dilatadas costas del Virreinato. Pero esto mismo se hacía de una manera tan imperfecta y negligente, que ha trascurrido a veces más de un siglo entre uno y otro viaje.

Recordamos ligeramente aquellas exploraciones.

En 1605 el Gobernador Hernandarias de Saavedra, avanzó el primero sobre la costa Patagónica, en un viaje de exploración: y desde 1618 hasta 1745 no hay noticia de ninguna otra expedición con este objeto, ni existe dato alguno que sirva a ensanchar la esfera de los imperfectos conocimientos geográficos.

Más de cuarenta años transcurrieron enseguida, sin que haya nada que indique en estos pobladores, el deseo muy natural de conocer el territorio que habitaban; y recién desde 1780 para adelante, se hace sentir un ligero movimiento revelando que la vida no se había extinguido totalmente en el cuerpo social.

Pero la inercia colonial pesaba como una capa de plomo sobre los esfuerzos de los hombres que, más animosos o mejor intencionados, no podían contemplar, sin pena, semejante abandono.

Fueron inútiles todos los esfuerzos.

Fueron estériles todos los sacrificios.

En 1782 el Piloto de la Real Armada don Basilio Villarino, exploró la costa Patagónica, y subió el Río Negro hasta aproximarse a la gran cordillera, y salvo dos o tres errores que han corregido los años posteriormente, los datos que él adquiría entonces son exactos, y pueden servir hoy mismo.

Biedma exploró también la costa Patagónica, examinando con un criterio elevado todas las ventajas de su población.

Falkner lo hizo con anterioridad a estos, examinando no solo la topografía del terreno, así en las costas como en el interior, sino el idioma, uso, costumbres y carácter de sus moradores entre los cuales vivió por espacio de cuarenta años.

Los P.P. Cardíel y Quiroga lo hicieron igualmente, extendiendo sus exploraciones hasta las costa Magallánica, y fuera de una que otra expedición de menor importancia que las enumeradas, aquí concluye la historia de esas exploraciones, cuya esterilidad conocemos. Hasta hoy nuestras poblaciones en esa dilatada extensión no han avanzado un solo paso desde hace más de un siglo.

Y si esto pasa con respecto a una dilatada costa marítima, donde se halla la embocadura de ríos caudalosos como el Colorado y el Negro, qué no sucederá con respecto a la región Andina, que es necesario explorar por tierra, con todos los gastos, dificultades y peligros que son consiguientes a empresas de esta naturaleza, hechas por territorios desconocidos, erizados de dificultades y ocupados por tribus bárbaras y belicosas?

Las dificultades eran mayores, y por consiguiente se hizo menos.

La comunicación continuó manteniéndose entre Cuyo y Chile por Uspallata y otros pasos peligrosos, incómodos, y donde los viajeros se hallaban constantemente amenazados del peligro de ser sepultados por la nieve.

Recién a principios de este siglo, hubo un ciudadano chileno bastante arrojado que se decidiera a aventurarse entre esas inmensas serranías, en busca de un paso mas cómodo y seguro entre Buenos Aires y Chile.

Don José Santiago de Cerro y Zamudio en 1803 fue el primero que exploró las regiones con un éxito que colmó todas sus esperanzas.

Conservamos un manuscrito de su viaje, y el oficio con que dio cuenta al virrey del éxito feliz de su exploración; documentos que no hemos hallado publicados jamás, pues Angelis no trae en su colección sino un itinerario del viaje de Zamudio, que por cierto, está muy distante de llenar las condiciones de claridad y puntual descripción que deben exigirse.

Siguieron a Zamudio los exploradores don Estevan Hernández don José Sourryere de Souillac que hizo una descripción geográfica del mismo camino, y don Luis de la Cruz, que sin poseer los conocimientos científicos de Souillac, no es por eso menos interesante su relato y menos fino y perspicaz su espíritu de observador.

Las complicaciones de la Política Europea en aquella época, habían despertado en el gabinete de Madrid el temor de ver interrumpida la comunicación marítima entre sus colonias, y entorpecido su comercio interior, por lo cual se dedicaba a buscar por la gran Cordillera de los Andes un paso que facilitara y asegurara esa comunicación entre Buenos Aires y Chile.

Sobremonte, que era a la sazón el virrey que había recibido en Mendoza en calidad de Gobernador, conocía también la importancia que este proyecto tendría para el comercio de ambos países.

Por esos esfuerzos y exploraciones vinieron y en una época en que los sucesos exteriores y los interiores que se desenvolvieron enseguida, no permitían al país dedicar su atención a esa parte tan importante para el desarrollo de su industria y la ventaja de su comercio.

No se quiso cuando se pudo: y no se pudo cuando se quiso.

Y para que se conozca hasta que punto son fundados y justos los cargos, véase lo que Villarino decía al Superintendente del Carmen en 1782: «Sino vemos, sino andamos, sino descubrimos, siempre estaremos metidos en nuestra ignorancia, y tal vez algún tiempo nos enseñarán los extranjeros nuestras propias tierras; y lo que nosotros debíamos saber, pues no puedo ver que un Inglés como Falkner nos esté enseñando y dándonos noticias individuales de los rincones de nuestra casa, que nosotros ignoramos».

...

«He dejado correr la pluma, agrega, movido del fervoroso celo al servicio del Rey y de la Nación, pues no quisiera que ningún extranjero, en ningún tiempo, tenga la gloria de enseñarnos lo que nosotros debemos saber; haciendo ver al mundo nuestra ignorancia y pereza cuando esto sucediese.»

Hace muy cerca de un siglo que Villarino increpaba así su incuria a la autoridad y sociedad colonial. Hoy las cosas permanecen exactamente en el mismo estado, por lo que, aunque nos cause rubor, debemos aceptar la parte que nos alcanza en tan amarga reconvención.

Desde entonces el silencio se ha prolongado cien años en los desiertos Patagónicos y en la región Andina.

Dios sabe cuantos siglos va a durar todavía.

En 1872, como en 1600, y como en 1700, las expediciones exploradoras se dirigen a nuestras vastas comarcas interiores, con la misma falta de datos topográficos, con las mismas dificultades, con los mismos inconvenientes y peligros con que luchaban los primeros tiempos del descubrimiento.

Quizá algún día la Nación tenga gobiernos que dediquen a esta parte esencial de todo progreso, los tesoros y las vidas que hoy sacrifican estérilmente en oprimir a los pueblos!

Nuestros conocimientos topográficos sobre las dilatadas llanuras de la Patagonia, sobre los fértiles territorios Andinos y sobre el gran Chaco, lo repetimos, no han avanzado un solo paso en cerca de dos siglos, y lejos de generalizarse los que se adquirieron a fines del siglo pasado y principios del presente, se han borrado totalmente de la memoria, permaneciendo arrinconados en los vetustos archivos donde se conservan ignorados, despreciados, perdidos entre el polvo que dejan caer los años, y olvidados como mamotretos de añejas aventuras.

Santa-Fe, San Luis, Córdoba y Mendoza, no han avanzado su frontera, ni en extensión, ni ganado en seguridad, en espacio de muchísimos años.

No hace mucho que algunos indios, invasores, comieron en una fonda en la ciudad Río Cuarto, y ayer no mas, llegaban hasta el Saladillo a 6 leguas de la ciudad del Rosario, que es la 2.ª en importancia, comercio y población de la República.

A San Luis, lo han despoblado casi completamente.

Sobre los fortines que el siglo pasado constituían la línea de frontera, pasan aun los indios como avalanche, para llevar el incendio, la desolación y la muerte a los moradores de la campaña.

A 12 y 15 leguas del Rosario existen pampas desiertas, dilatadas llanuras, donde la propiedad rural está amenazada constantemente de ser arrebatada por los salvajes.

Buenos Aires es sin duda la única Provincia que en este tiempo ha extendido su frontera garantida en una extensión de 100 leguas al Sur y 30 o 40 al Oeste, y el territorio que avanza esa extensión, es el único conquistado en cerca de un siglo al gran trapecio desierto formado por el Río Negro y Neuquén o el Diamante; el Océano y Río de la Plata, y las fronteras militares de las provincias citadas. Vasto desierto que según cálculos aproximados encierra una extensión de territorio no menor de 50.000 leguas cuadradas.

Calcúlese cuanto importaría para nuestra industria, comercio y riqueza la posesión de ese dilatado espacio.

Pidamos a los pueblos, gobiernos justos y progresistas, y Congreso liberales, y dejará de ahogarnos el desierto, que por todas partes nos circunda, como barrera impenetrable a la civilización y al comercio.

No hace mucho que se ha negado por el Congreso al señor Cozadt y al señor Fillol, algunas leguas de territorios desiertos en Patagones, donde prometían formar colonias agrícolas.

Esta es la continuación del sistema colonial.

Mezquinar aquello que poseyéndolo no se puede utilizar.

Volvamos ahora a ocuparnos del viaje de la comisión exploradora, que motiva este artículo.

Examinando el itinerario que nos ha facilitado el capitán Cabrera, y comparándolo con los que tenemos de los viajeros del siglo pasado y principios de este, hallamos, que la comisión científica, encargada de esta operación, ha recorrido los mismos parajes que recorrieron Zamudio, Hernández, Cruz y de Souillac; el mismo o próximamente el mismo derrotero que llevó Amigurenaten en la especiocion militar que ejecutó de orden del virrey en 1770, y probablemente, son los mismos por donde han cruzado otros viajeros que se dedicaron a explorar la cordillera al Sur de Mendoza.

Muchos deben ser en efecto, pues la comisión de censura del Viaje de Cruz nombrada por el Consulado en 1806 para esta operación, dice en su informe: «Siete diarios tenemos de otras tantas expediciones hechas al Sur de Mendoza, desde el año 1780 acá "..........."de los cuales algunos avanzan a mas de trescientas leguas».

Es probable que esos diarios se hayan perdido, o existan por ahí arrinconados en algunos viejos estantes, pero a nuestro conocimiento no han llegado sino los de los viajeros a que hacemos referencia.

Mas ellos bastan para hacernos conocer de una manera fuera de toda duda, que por esa parte, la cordillera ofrece fácil paso y comunicación cómoda, pronta y segura entre las dos Repúblicas.

A pesar de la dificultad de conservar nombres que no están fijados en ninguna carta geográfica, y que solo mantiene la tradición, los viajeros indicados consignan en sus memorias los mismos que trae el Itinerario del capitán Cabrera.

El Valle de las cargas, las Cuevas, Valle hermoso, el Mentañez, Valle de las ánimas, El Yezo, chacis Río chico, el Portezuelo, Pozos cavados y muchos otros nombres, los hallamos también señalados por los Itinerarios de aquellos exploradores.

«Angelis en su premio al viaje de Zamudio, pretendiendo indicar los motivos que impulsaron a aquel descubridor, dice que concibió el proyecto de su viaje realizado por un indio en 1799, que en 16 días vino con comunicaciones para el virrey de Buenos Aires y regresó con la respuesta.»

Ignoramos el fundamento que puede tener esto, pues en los manuscritos que poseemos de este descubridor, hallamos que lo guiaron razones muy distintas y mas elevadas en su atrevida expedición.

En su memorial dirigido al virrey en Buenos Aires a 6 de Junio de 1803, dice: después de hacer una sucinta reseña de su vida y servicios anteriores, «que posee vastos conocimientos de todo el Reino, no menos que de la empresa que se proponía, y había realizado, de descubrir el camino carril que en la antigüedad se transitaba desde esta a la capital de Chile, Penco y demás ciudades de aquel Reino».

Como se ve, el mismo Zamudio, que fue el descubridor, no buscaba un camino nuevo, como bombásticamente designa al suyo, después que él, el maestro de Matemáticas Souillac; sino que se proponía restaurar el camino carril que en la ANTIGÜEDAD SE TRANSITABA ENTRE BUENOS AIRES Y EL REINO DE CHILE.

¡Cuánto trabajo estéril!

¡Cuánto retroceso culpable!

Pero es fuera de duda, que por esa parte la gran cadena de Montañas que forma la cordillera de los Andes, franquea el paso a Chile por valles y llanuras, abundantes en aguas, y fertilísimos pastos.

Zamudio la cruza ponderando la hermosura y fertilidad de los valles que atraviesa. El lector lo sigue arrastrado por la sencillez y naturalidad de sus descripciones, hasta que la cordillera desaparece totalmente.

Sigamos la lectura de los manuscritos de este explotador, y encontramos una representación elevada al Ilustre Cabildo de Buenos Aires en 7 de junio de 1803, y de la cual copiamos las siguientes palabras.

Dice: «Tengo elevada una representación a esta superioridad, sobre el descubrimiento del camino de ruedas transitado en la antigüedad de esta capital a la de Chile, y todo su reino; y que en el día es practicable por transito fácil y delicioso a causa que la misma naturaleza ha dividido y cortado por este, rumbo el cordón de cordilleras, que por lo demás el público trafico de este comercio tiene notoriamente impedido y cerrado; ofreciéndonos para una y otra banda de dichas cordilleras o montañas, valles hermosísimos de mucha extensión, y abundancia de pastos, maderas de distintas especies, y aun en partes, de árboles frutales como así se acredita por medio del derrotero con que acompañé dicha representación».

Nada puede ser más claro y terminante que estas palabras, nada más concluyente y cierto «LA NATURALEZA HA DIVIDO Y CORTADO POR ESTE RUMBO EL CORDÓN DE CORDILLERAS».

Ese camino era frecuentado en la antigüedad.

Olvidado, perdido totalmente, fue descubierto de nuevo hace setenta años.

Desde entonces, ha vuelto a perderse hasta su recuerdo.

Y no es explícita y clara la manera como a ese mismo respecto se explica de Souillac.

Designado por el virrey para hacer ese viaje de exploraciones, a consecuencia de los datos suministrados por Zamudio y Hernández, realizó su primera jornada partiendo desde Buenos Aires, en dirección a Chile, y en 16 de mayo de 1803 en su oficio al virrey, dirigido desde Talca acompañándole el diario de sus exploraciones, se expresa así:

«En esta primera jornada, aunque buena, se halla un tropiezo de una ladera algo escabrosa, la cual se puede componer con mucha facilidad, pues es de tierra, y una piedrecita que puede servir para empedrar el camino; porque no hay ríos, precipicios, bajadas ni salidas peligrosas, que puedan impedir el carruaje.»

A su regreso, después de haber realizado otros estudios no menos importantes para el reino de Chile, cruzó la cordillera por parajes aun más cómodos que en su primera jornada, y después de haber marchado desde Talca hasta el Portezuelo, consignó en su diario estas palabras:

«Debo asegurar que desde la ciudad de San Agustín de Talca, hasta este Portezuelo, el camino abunda en leña, pastos y aguadas; que no tiene tropiezo alguno, y que no solamente es para carruajes, componiendo tal cual trecho, sino que lo pueden transitar hasta las señoras y a pié; no siendo otra cosa mas que un vergel de la misma naturaleza de este reino nunca bastante alabado.»

¿Qué duda puede quedar en vista de todo esto, de la facilidad de comunicación cómoda y segura entre las dos Repúblicas?

En otras causas muy distintas de los obstáculos que oponen las cordilleras, debemos buscar la razón por la cual, después de medio siglo de aquellos descubrimientos, conservamos estrechando nuestro comercio dentro del mismo círculo que lo ceñía y dificultaba entonces, y continúa arrastrándose penosamente entre las nieves de los Andes.

Los exploradores nombrados, pertenecían a la misma época, realizaban en sus viajes casi en los mismos tiempos, mantenían relaciones amistosas entre sí, y se comunicaban recíprocamente sus conocimientos.

Así se deduce de algunas palabras en el viaje de Cruz; y así lo dice de Souillac en su itinerario, en el que no solo menciona datos que le suministró Zamudio, consigna alguno de este, sino que en su oficio al virrey y dándole cuenta de su exploración, dice:

«Llegué al Portezuelo de Sosa a la una de la tarde y como don Estevan Hernández me quisiese acompañar, me vi obligado a esperarlo con toda la tropa, o ignoro los motivos que tuvo José Santiago de Cerro y Zamudio para haberse quedado en la ciudad de Talca, pues hacia dos días que había llegado de la ciudad de la Concepción de Penco.»

¡Cuánto ha debido facilitar la exploración de esos difíciles parajes, la unión, armonía y esfuerzo conjunto de sus principales descubridores!

De Souillac que en su jornada primera halló el camino bueno hasta para señoras y a pie: por lo cual fue designada después esta ruta, con el galante nombre de «Camino de las damas», termina la declaración jurada de su segundo viaje, con estas notables palabras.

«Con lo que concluyó la segunda jornada del nuevo descubrimiento del camino de Sobremonte, el cual con toda verdad debo decir, que desde la ciudad de San Agustín de Talca en el reino de Chile, hasta la fortaleza de San Rafael del Diamante, jurisdicción de la ciudad de Mendoza, capital de la Provincia de Cuyo, no he hallado ni encontrado un cerrito de la magnitud de un grano de maíz, que pueda impedir el carruaje y cargas.»

Esta importante declaración esta firmada en San Rafael el 31 de enero de 1806.

Esto coincide también exactamente con lo que dice Zamudio en el manuscrito a que nos referimos, y cuyas palabras hemos transcripto.

El itinerario del viaje realizado por don Luis de la Cruz arroja el mismo resultado, y he aquí las palabras con que Hernández, concluye su nota al virrey, en 6 de Mayo de 1806, dando cuenta del suyo; «que no había el mas mínimo impedimento ni obstáculo que embarazara la ejecución y facilitación de la apertura del camino».

Vemos pues, por estos antecedentes, cuya importancia ha de aumentar seguramente el tiempo, que la vía de comunicación abierta por la naturaleza entre las cordilleras, existe cómoda, fácil, y segura, de la República Argentina a la de Chile!

Falta que la ciencia y el progreso utilicen en favor del comercio, del progreso y de la unión de ambas países lo que la naturaleza ha hecho.

Los que sueñan con la necesidad de un inmenso Túnel que perfore los Andes para extender la vía férrea, ignoran que atrevidos exploradores han descubiertos vías fáciles, llanas y seguras, en la inercia colonial primero, las perturbaciones después, y la anarquía, han dejado olvidadas, y entregadas a los indios.

Trácese para la República la línea de frontera que la naturaleza le demarca, conquístese de esa manera el desierto, derrámese en él la actividad de la industria, la riqueza, la vida del comercio y la civilización, que el gran problema del pasaje de la cordillera esta resuelta desde 1802.

Vamos a terminar este artículo con varias observaciones, de distinta naturaleza, que haremos al correr de la pluma.

Una de ellas comprueba mas, si es posible, la certidumbre de que los trabajos de exploración de 1872, se han dirigido por los mismos parajes hacia donde se dirigieron los del principio del siglo.

Dice nuestro amigo Cabrera, en las noticias que trae de su itinerario, que han hallado mucha BREA.

Bien: en la memoria del viaje de Zamudio, encontramos este párrafo: «también descubrí al pié de un cerro bastante elevado, dos copiosos arroyos de brea, que los españoles llevan a vender a Penco, para brear las tinajas en que guardan el vino».

Si no coincidiera tan perfectamente el dicho de los exploradores que hacen sus observaciones con un intermedio de setenta años, y que aseguran ambos haberlo visto, podríamos en duda la verdad de esta noticia, de hallarse corriendo un arroyo de esa resina de que la marinería siempre y la medicina últimamente, han sacado tanto provecho y que entendemos que es únicamente estriada por incisión del pino albar.

Pero para nosotros es fuera de duda la verdad del dicho, que hemos oído también de boca del mismo capitán Cabrera.

Otra de las observaciones es la que hace el capitán Cabrera en su itinerario respecto al Río Colorado, llamado primero Río Grande, y recibiendo después las aguas de los ríos Tordillo o Portillo, Barrancas y Tunuyan, dirige su curso a las Pampas de Buenos Aires donde toma el nombre de Río Colorado.

No sabemos que se haya fijado hasta hoy con precisión el origen de este río, como el de casi todos los que riegan nuestras fértiles llanuras, por lo cual no carecen de importancia las observaciones hechas, que contestes con las de otros exploradores y en especialidad con la de don Tomás Falkner en su descripción de la Patagonia y de las partes adyacentes en que dice respecto al origen del Colorado, esa gran arteria, destinada por la naturaleza a conducir la vida, el movimiento del comercio y las civilizaciones hasta el centro de nuestros territorios.

«Este río, dice, uno de los mejores de este país nace de un gran número de corrientes que vienen del occidental de la cordillera... recibe las aguas de Gran Río de Tunuyan y otro llamado el Portillo, que se le junta.»

El vapor, agente poderoso de la prosperidad de los pueblos, está llamado al resolver el problema de nuestro engrandecimiento futuro, e irá alguna vez a interrumpir el silencio secular de aquellas inmensas soledades, y a descubrir sus ignotas riquezas.

Terminaremos haciendo mención de una circunstancia, que quizá no deja de presentar algo de original y curioso.

En el Itinerario que publicamos, hallamos un paraje designado con el significativo nombre de «Marinos colgados».

¿Es este nombre inventado por el capricho?

¿Qué «Marinos colgados» ha habido alguna vez en aquellas apartadas regiones, en el centro de aquellas moles de piedra, perpetuamente cubiertas de nieve?

¿Debe presumirse que ese nombre haya sido dado con alguna propiedad?

¿Será posible buscarle el origen?

¿Está allí conmemorando acaso, una de aquellas tragedias terribles de que tantas veces han sido teatro las vastas soledades de la América, sus selvas sombrías, sus inmensos desiertos, sus ríos, sus montañas?

No es posible rasgar el misterio en que se esconde el secreto, pero esto nos recuerda un antecedente curioso.

Don Luis de la Cruz en su viaje en 1806 desde Chile a Buenos Aires, cruzando por los mismos parajes que hoy se han explorado de nuevo, refiere lo siguiente que le fue contado por un indio:

«Que un navío de ingleses naufragó dentro de la Boca del Linagbeubu a distancia considerable del mar, que no lo vieron entrar los indios, y que andando a las riberas del río algunos, por las huellas dieron con la gente, que era bastante numerosa, y estaban albergados en las barrancas del río: Que traían gallinas, cerdos, ovejas y otros animales desconocidos de ellos. Que allí quedaron algún tiempo, y que cuando menos pensaron, desaparecieron.»

En 1807 la comisión Censora nombrada por el Consulado para hacer juicio sobre este viaje, se burló de la declaración de Cruz, pero no obstante, quizá no es aventurado suponer, que entre la relación de aquel Indio y el nombre del paraje que ha llamado nuestra atención exista una relación íntima, que deja presumir el desgraciado fin de los infelices náufragos, perdidos entre aquellas soledades sin término, rodeados por todas partes de peligros y victimas al fin de la barbarie de sus moradores.

Nos hemos extendido más de lo que nos proponíamos.

Creemos dejar demostrado no solamente la verdad de que las exploraciones de 1872 como las de 1802, 5 y 6 se han dirigido a los mismos puntos, sino que por aquella parte la cordillera ofrece pasaje cómodo, fácil y seguro hasta Chile.

Deseamos ver al frente de los destinos de la República hombres patriotas, liberales, progresistas, que imprimiendo a la marcha del país un derrotero nuevo, lo aparten de la senda trillada por los Gobiernos obcecados, vengativos, inertes para el bien, ocupados solo de satisfacer ambiciones ilegitimas, y que lo mantienen como el Prometeo de la fábula, amarrado a la roca de sus viejas desgracias.

Cuando los pueblos hayan conquistado con su esfuerzo ese beneficio, podrán arrojarse con fe, a la ardua tarea de resolver los grandes problemas que han de decidir su destino y asegurarle un puesto entre las naciones más prósperas, más ricas, más felices y más libres de la tierra.

Haciendo votos porque se vean realizadas estas aspiraciones de patriotismo, me es grato señor Redactor suscribirme de usted,

José Hernández.

Libros a la carta

A la carta es un servicio especializado para
empresas,
librerías,
bibliotecas,
editoriales
y centros de enseñanza;
y permite confeccionar libros que, por su formato y concepción, sirven a los propósitos más específicos de estas instituciones.

Las empresas nos encargan ediciones personalizadas para marketing editorial o para regalos institucionales. Y los interesados solicitan, a título personal, ediciones antiguas, o no disponibles en el mercado; y las acompañan con notas y comentarios críticos.

Las ediciones tienen como apoyo un libro de estilo con todo tipo de referencias sobre los criterios de tratamiento tipográfico aplicados a nuestros libros que puede ser consultado en Linkgua-ediciones.com.

Linkgua edita por encargo diferentes versiones de una misma obra con distintos tratamientos ortotipográficos (actualizaciones de carácter divulgativo de un clásico, o versiones estrictamente fieles a la edición original de referencia).

Este servicio de ediciones a la carta le permitirá, si usted se dedica a la enseñanza, tener una forma de hacer pública su interpretación de un texto y, sobre una versión digitalizada «base», usted podrá introducir interpretaciones del texto fuente. Es un tópico que los profesores denuncien en clase los desmanes de una edición, o vayan comentando errores de interpretación de un texto y esta es una solución útil a esa necesidad del mundo académico.

Asimismo publicamos de manera sistemática, en un mismo catálogo, tesis doctorales y actas de congresos académicos, que son distribuidas a través de nuestra Web.

El servicio de «libros a la carta» funciona de dos formas.

1. Tenemos un fondo de libros digitalizados que usted puede personalizar en tiradas de al menos cinco ejemplares. Estas personalizaciones pueden ser de todo tipo: añadir notas de clase para uso de un grupo de estudiantes, introducir logos corporativos para uso con fines de marketing empresarial, etc. etc.

2. Buscamos libros descatalogados de otras editoriales y los reeditamos en tiradas cortas a petición de un cliente.

Printed in Poland
by Amazon Fulfillment
Poland Sp. z o.o., Wrocław

69735774R00018